Dani es un niño alegre con una habitación

muy desordenada. Aunque le encanta jugar, pintar y disfrazarse, no le gusta recoger. Un día, empiezan a desaparecer sus cosas: un calcetín, un rotulador... Dani se convierte en detective para encontrar al misterioso «ladrón». Entre juegos y aventuras, descubre que la culpable es Luna, la gata del vecino, llevándose un giro inesperado y encantador en la historia.

Valores Implícitos

A través de las aventuras de Dani, los niños y niñas aprenderán sobre la gestión del espacio personal y las consecuencias del desorden. Además, la historia fomenta la resolución de problemas, la perseverancia y la empatía al interactuar con su familia y vecinos, destacando el valor de la comunidad y la amistad.

LA CASITA ESDRÚJULA

¿Dónde están mis cosas?

Avda. San Francisco Javier, 9, 6ª, 23
Edificio Sevilla 2
41018 - SEVILLA
Tlfn: 912 665 684
info@babidibulibros.com
www.babidibulibros.com

Impreso en España
Primera edición: noviembre, 2024

ISBN: 978-84-10412-85-9
Depósito Legal: SE 2157-2024

Dani no está seguro, siempre tiene el cuarto igual, y otros días encuentra toda su ropa, aunque sea en otro lugar.

Al final, mamá tiene que sacarle otro par de calcetines. Dani se los pone, se termina de vestir y se va al cole.

Por la tarde, Dani vuelve del cole y se pone a jugar en su habitación. Cuando se cansa de jugar con los coches, se pone a pintar. Pinta un barco capitaneado por un temible pirata, pero cuando va a pintar el mar, no encuentra el rotulador azul...

Lo busca por todas partes.

—¿Dónde estará el rotulador azul?

Para poder encontrarlo, Dani empieza a recoger algunas cosas, pero sigue sin encontrarlo.

En la caja había diez rotuladores, ¿cuántos rotuladores tiene Dani ahora? Los va contando mientras los guarda para no perder ninguno más: uno, dos, tres, cuatro, cinco, seis, siete, ocho y nueve. Solo falta el azul.

Por la mañana, Dani tropieza con uno de sus coches al levantarse. Se rasca la cabeza dudoso y dice:

Dani lo intenta. Empieza recogiendo los coches y... «brum, brum» acaba jugando con ellos. Y la habitación sigue igual. Pero es que es taaan divertido.

—Luego pierdes las cosas entre tanto desastre —le vuelve a reñir mamá con cariño.

A la mañana siguiente, Dani se prepara para ir al cole. Se empieza a vestir, pero...

—¿Dónde está mi otro calcetín?

Lo busca por todas partes. ¿Dónde se habrá metido el calcetín?

—Eso te pasa por tener el cuarto tan desordenado —le dice su mamá.

—Yo no dejé eso ahí.

Aunque no está del todo seguro, porque el resto está repartido por toda la habitación. Para estar seguro de no haber perdido ninguno, coloca cada coche en su sitio de la estantería.

El rojo en el estante rojo, el verde en el estante verde, el amarillo en el estante amarillo, el azul en el estante azul...

Cuando va a vestirse, Dani descubre una huella cerca de la ventana.

—¡Ajá! Ya te tengo, ladronzuelo.

Dani ha encontrado una pista de quién le está quitando sus cosas. Pero ahora se tiene que ir al cole y no puede investigarlo.

—¡Qué rabia! Cuando ya casi lo tenía...

Al volver del cole, Dani comienza su investigación.
Tiene una huella, pero ¿de quién será?

Va a por el primer sospechoso, su hermano, y le pide que le enseñe su pie. Su hermano se quita la zapatilla y le pone a Dani el pie en la cara.

«Puaj», el pie de su hermano está sudado y no huele muy bien. Pero Dani quiere encontrar al ladrón y no se rinde. Aunque no sirve de mucho, porque su huella no se parece en nada.

Luego encuentra a papá, que sí le ayuda enseñándole su pie con más cuidado. Pero es demasiado grande y tampoco se parece a la huella que ha encontrado.

Incluso prueba con la huella de su perrito Leo, aunque tampoco es igual que la del ladrón.

Tendrá que seguir buscando.

De vuelta a su habitación, decide
ordenar un poco sus juguetes para
que el ladrón no le quite ninguno más.

Les toca el turno a las pelotas. Dani tiene muchas de diversos colores: una, dos, tres, cuatro, cinco, seis y siete.

¿Dónde las puede meter? El cubo grande servirá.

Dani sigue pensando cómo puede pillar al ladrón, pero le entra hambre y se va a cenar.

Al día siguiente, no parece faltar nada en su habitación. Dani está contento porque no le han quitado más cosas, pero a la vez está triste porque ya no hay ladrón al que buscar.

Al volver del cole, corre a su habitación para dejar la mochila. Pero antes de entrar oye un ruido dentro. ¿Quién puede estar en su habitación?

Su corazón se acelera, ¿podría ser el ladrón?

Abre la puerta y...

—Te pillé —Dani encuentra a Luna, la gata del vecino, jugando con uno de sus juguetes.

En cuanto lo ve, la gata sale corriendo y se escapa por la ventana. Dani se asoma y la ve entrando en la casa del vecino. Entonces sale corriendo también, pues no quiere perder a la gatita.

Va a ver a su vecino, quien le abre la puerta amablemente.

—¿Qué haces aquí, Dani?

—¡Vengo a por mis cosas!

Su vecino se ríe y juntos van a buscar a la pequeña ladronzuela.

La encuentran escondida en un rincón bajo las escaleras junto a un montón de cosas de Dani: su calcetín, el rotulador azul y algunas cosas más que Dani ni siquiera se había dado cuenta de que le faltaban. Tenía todo un botín.

Resulta que la pequeña Luna se había estado colando en su cuarto y había estado robando sus cosas durante bastante tiempo.

¿Dónde están mis cosas?

Ana de Tanti

Ilustrado por Stela Navarro

Este es Dani.

Y esta es su habitación.

A Dani le encanta pintar, disfrazarse, jugar a la pelota y a los coches. Pero a Dani no le gusta nada recoger su habitación, así que lo tiene todo muy desordenado.

Su mamá siempre le riñe...

—¡Dani, recoge tu habitación!

Al final Dani encontró al ladrón, y pudo recuperar todos los objetos que había ido perdiendo en los últimos días.

DESCUBRIENDO EL ORDEN

- Dani aprendió que mantener las cosas en orden no solo hace que su habitación se vea bien, sino que también le ayuda a encontrar lo que necesita. ¿Alguna vez has perdido algo importante porque tu espacio estaba desordenado? ¿Cómo te sentiste cuando lo encontraste después de ordenar?
- Durante la búsqueda del «ladrón», Dani mostró mucha determinación y paciencia. ¿Recuerdas una vez que tuviste que ser paciente para resolver un problema? ¿Cómo te ayudó la paciencia a encontrar una solución?
- La sorpresa de descubrir que Luna, la gata del vecino, era la «ladrona», le enseñó a Dani que las cosas no siempre son lo que parecen. ¿Has tenido alguna vez una sorpresa que te hizo ver las cosas de manera diferente?

- Al final, Dani y su vecino trabajaron juntos para encontrar a Luna y los objetos perdidos. ¿Qué piensas sobre ayudar a los demás y ser responsable de nuestras mascotas y cosas? ¿Cómo te sientes cuando ayudas a alguien?

Al igual que Dani, aprendamos a ordenar, ser pacientes y ayudar a otros. Cada desafío es una oportunidad para crecer y ser mejores amigos y cuidadores de nuestro mundo.